COMO LIDAR COM A ANSIEDADE AOS FINAIS DE SEMANA

Reflexões para um viver mais pleno e harmonioso

Reijane da Silva Lopes

ÍNDICE

INTRODUÇÃO

A ansiedade é considerada um mal do século, pois vivemos em um mundo frenético em que somos constantemente cobrados a cumprir prazos, a sermos produtivos, saudáveis, bem-sucedidos, belos, cultos e sociáveis, de acordo com padrões e expectativas, impostos pela sociedade, que nem sempre são condizentes com aquilo que acreditamos e queremos. Contudo, somos levados a segui-los a fim de sermos aceitos e queridos.

E quando percebemos que estamos agindo contrariamente aquilo que realmente queremos ou quando sentimos que não vamos dar conta de suprir as expectativas e demandas do dia a dia, nossas vulnerabilidades se sobressaem.

Então, nos frustramos e todo o tempo e dedicação investidos deixam de fazer sentido, nos questionamos e nos sentimos cada vez mais frágeis e fora da realidade, tendo que lidar com sentimento de culpa, de vergonha e principalmente com o medo da rejeição, o que pode elevar exponencialmente os níveis de ansiedade.

A intensidade desses sentimentos é determinada pelas experiências prévias do indivíduo, que podem favorecer ou dificultar o enfrentamento das situações. De acordo com essa capacidade de elaborar os conflitos, o corpo vai respondendo e quanto maior for essa dificuldade maior será a resposta do corpo, que converte em sintomas o se passa na alma.

E como tenho ouvido muitas queixas de pessoas que não se sentem aos finais de semana, decidir criar algumas reflexões e dicas, as quais apresentarei aqui nesse e-book.

Espero que esse trabalho possa ser útil ao seu momento. E caso queira obter mais informações, mande-me um e-mail (reijanelopes02@gmail.com) e eu ficarei muito feliz em poder ajudá-lo(a).

Reijane da Silva Lopes

FIM DE SEMANA DE QUEM MORA SOZINHO (A)

◆ ◆ ◆

Há pessoas que ficam ansiosas porque moram sozinhas e não têm ninguém para sair ou conversar. Morar sozinho (a) pode ser muito bom para quem curte sua própria companhia, mas para quem não consegue ficar sozinho (a), pode ser muito difícil!

Chegar à casa na sexta-feira à noite e não ter ninguém para sair ou conversar gera muita ansiedade em algumas pessoas.

E muitas usam as redes sociais para reduzir a solidão e esquecerem dos problemas!

O que é a opção mais viável, pois não há como sair com os amigos nesse momento!

procure usar as redes sociais para se conectar com seus amigos e familiares. Faça videochamadas. Participe de grupos.

Aviso importante:

Não faça disso sua única forma de conhecer e de estar com pessoas, isso pode trazer alguns problemas para sua vida.

Sugestão de filme: Jexi, um celular sem filtro.

FIM DE SEMANA DE QUEM VIVE EM UM AMBIENTE POUCO ACOLHEDOR

◆ ◆ ◆

Há pessoas que ficam ansiosas aos finais de semana porque o seu ambiente familiar não é acolhedor.

Por que ocorre?

Alguns lares não são tão harmoniosos como poderiam ser, pois existem muitas discursões e desentendimentos.

Há lares em que existem relacionamentos tóxicos e abusivos (seja por causa do cônjuge ou da própria mãe).

Há lares em que mulheres e crianças são espancadas, animais são agredidos.

Há lares em que uma pessoa tem amigos e relacionamentos duvidosos; outras vezes é usuária de drogas ou alcoólatra e vive perambulando pelas ruas.

E, geralmente, é no final de semana que essas questões se intensificam, causando preocupação, tensão e muita ansiedade.

Dicas:

Sei que nenhuma dessas situações é fácil, mas você pode promover a mudança no seu lar.

Comece mudando a sua forma de ver, ouvir e interpretar tudo que acontece a sua volta: não revidando e nem entrando em atritos desnecessários.

Procure relevar determinados comportamentos e falas, não leve para o pessoal.

Conte até mil.

Coloque-se no lugar da outra pessoa.

Aviso importante:

Se você presenciar algum tipo de violência, contra crianças, mulheres, idosos e animais, **denuncie!**

Se você vive algum tipo de violência física, **denuncie!**

"Mude a sua atitude e seja a mudança que você
quer ver no mundo!" - Mahatma Gandhi

FIM DE SEMANA DE QUEM SOFRE COM A AUSÊNCIA DE PESSOAS QUERIDAS

◆ ◆ ◆

Há pessoas que ficam ansiosas aos finais de semana, porque sentem falta de um relacionamento perdido ou da ausência de um ente querido.

Embora, essas duas situações sejam bem distintas (em relação à intensidade do sofrimento), elas se assemelham muito, no que se sente e na forma como essas perdas são processadas. E apesar do fato de cada pessoa reagir de um jeito, é muito difícil perder alguém!

Por que ocorre?

Muitas pessoas demoram a processar o ocorrido e sente mais dificuldade para voltar a sua rotina, sendo frequentes os sentimentos de abandono, de culpa e de rejeição.

Dessa forma, a ansiedade é maior no fim de semana, porque obriga a pessoa a encarar a dor e o vazio ocasionados pela perda.

Principalmente, porque ao ficar em casa a pessoa recorda tudo que viveu e sentiu e vai ficando cada vez mais triste.

Dicas:

Nesse momento é fundamental o apoio de amigos e familiares.

Se você foi abandonado (a) ou perdeu alguém querido, entenda que o isolamento, num primeiro momento, é natural e necessário, mas não fique muito tempo alimentando a dor e o sofrimento, pois poderá prolongar ainda mais esse momento.

Procure entender o que está sentindo e buque, no seu passado, estratégias de enfrentamento que deram certo em outros momentos de dificuldade. As estratégias bem-sucedidas, utilizadas anteriormente, podem servir para esse momento, também.

Mantenha sua mente ativa, saia com seus amigos e busque fazer o que você gosta com mais frequência, isso ajudará a superar essa fase difícil!

Aviso importante:

E caso sua ansiedade e sua tristeza aumentem ao ponto de prejudicar a sua produtividade, busque ajude profissional!

Você não precisa passar por tudo isso sozinho (a)!

FIM DE SEMANA DE PESSOAS QUE NÃO CONSEGUEM RELAXAR

◆ ◆ ◆

Há pessoas que ficam ansiosas aos finais de semana porque não se desligam dos problemas e, consequentemente, não conseguem relaxar. São pessoas que costumam levar trabalho para casa ou que não se desligam do trabalho, nem mesmo aos finais de semana.

E tem aquelas que aprenderam que a casa tem que estar "um brinco", ou não ficam satisfeitas. Então, fazem faxinas elaboradas, que levam o fim de semana inteiro, estressando a si e aos demais familiares que estão cansados e querem descansar.

E se não bastassem os três mil panos que a pessoa passa na casa, ainda tira tudo dos armários, limpa tudo e saí areando todas as panelas e talheres da casa. E o fato de não fazer todas essas coisas gera muita ansiedade.

Por que ocorre?

O problema dessas duas situações é que essas pessoas não se permitem relaxar, acham que a única forma de serem queridas e valorizadas é trabalhando em excesso, cuidando em excesso. E por isso, tudo deve ser feito de forma impecável.

Dicas:

Se você como uma dessas pessoas, que eu citei, você precisa aprender a desacelerar um pouco e a cuidar mais de você mesmo (a).

Principalmente, porque se a casa não estiver "um brinco" a vida vai continuar seguindo naturalmente; se você não conseguir cumprir seu trabalho com perfeição, ele continuará lá, do mesmo jeito; mas se você adoecer ou vier a faltar, todo esse esforço não terá valido a pena.

Aviso importante:

Todo excesso faz mal! É preciso buscar o equilíbrio em todas as situações, para que a ansiedade não venha a ser um problema.

FIM DE SEMANA DE QUEM ESTÁ COM DIFICULDADES FINANCEIRAS

◆ ◆ ◆

Há pessoas que ficam ansiosas aos finais de semana, porque estão desempregadas ou passando por dificuldades financeiras.

É muito delicado para um pai ou uma mãe de família ter que dizer não para os seus filhos ou não poder lhes proporcionar mais momentos de lazer. Para os solteiros e sem filhos, também não é fácil!

Por que ocorre?

Estar em casa sem trabalhar, gera muita angústia e ansiedade, pois tem sempre alguém para fazer um comentário desagradável sobre a situação. E o fato de depender de outras pessoas eleva ainda mais os sentimentos de inadequação e, consequentemente, a ansiedade!

Quanto às dificuldades financeiras, elas deixam a pessoa sem perspectiva e geram muitas situações constrangedoras, que podem impactar diretamente a relação com a família, com o (a) namorado (a) e, até mesmo, com os amigos.

Dicas:

Busque equilibrar sua vida financeira, reduza gastos, tenha uma tabela para anotar suas despesas e gastos.
E se possível busque uma nova renda.
Reinvente-se, crie novas formas de ganhar dinheiro!

"SÍNDROME DO DOMINGO À NOITE"

◆ ◆ ◆

Há pessoas que ficam ansiosas apenas no domingo à noite, quando se lembram que terão que trabalhar e/ou estudar no dia seguinte.

Você já sentiu um frio na barriga, uma tristeza muito grande no domingo à noite, ao ouvir a música de abertura do Fantástico? Provavelmente, você sofre ou já sofreu do que alguns profissionais da saúde, chamam de "síndrome do domingo à noite".

Por que ocorre?

Essa é uma situação que ocorre, geralmente, com pessoas que estão insatisfeitas com o que fazem em seu dia-a-dia, que estão preocupadas com seu desempenho, com medo de fracassar, ou que estão sofrendo abusos e assédios diversos no trabalho, escola ou faculdade.

E quando se lembram que no dia seguinte terão que voltar a trabalhar ou a estudar, sentem-se angustiadas e desmotivadas, reduzindo, assim, o prazer de curtir o restinho do domingo. E esses sentimentos elevam a ansiedade e acabam influenciando no humor e na forma que interagem com as pessoas.

Dicas:

A primeira coisa a se fazer é identificar o que está causando a ansiedade. A segunda coisa é perceber que você não terá o controle de determinadas situações, que não há como prever o que vai acontecer, mas você pode aprender a controlar-se!

Pense em soluções para seu problema e procure resolvê-lo.

Programe-se, organize suas atividades da semana e crie metas realísticas para cumpri-las!

Valorize o momento presente, faca relaxamento e procure fazer o que você gosta com mais frequência.

Aviso importante:

Essas atitudes poderão ajudá-lo (a), mas caso ainda não consiga se sentir melhor, procure ajuda profissional!

FIM DE SEMANA DE QUEM MANTÉM EXPECTATIVAS MUITO ELEVADAS

◆ ◆ ◆

Há pessoas que ficam ansiosas aos finais de semana porque mantém expectativas muito elevadas.

Você já sentiu que tem se dedicado mais as pessoas do que elas se dedicam a você? Você já sentiu que seu esforço não é valorizado? Você acha que a vida é injusta com você? Se você respondeu sim a pelo menos uma dessas perguntas, você precisa reavaliar suas atitudes e prioridades.

Por que ocorre?

É geralmente no fim de semana que lidamos com familiares e amigos e, invariavelmente, as decepções ocorrem.

Por isso te convido a fazer as seguintes reflexões: será que você precisa realmente se dedicar tanto? E as pessoas que você tem se dedicado, elas realmente merecem seu empenho? Como anda seu grau de exigência consigo mesmo e com as pessoas? Será que nesse momento você não precisa pegar um pouco mais leve?

Dicas:

Todos estamos passando por momentos de insegurança e de adaptação, e algumas pessoas, realmente, não estão conseguido lidar com tudo isso.

Se você pode ajudar alguém, faça!

Contudo, é importante respeitar os seus limites e não esperar nada em troca!

Deixe que o universo se encarregue de retribuir.

Toda vez que você faz o bem, você atrai boas energias e isso, por si só é capaz de mudar a sua realidade.

Reduza suas expectativas e tenha mais leveza psíquica!

FIM DE SEMANA DE QUEM NÃO LIDA BEM COM PERDAS

♦ ♦ ♦

Há pessoas que sofrem aos finais de semana, porque não lidam bem com as perdas. Essencialmente, porque em casa podem se deixar levar por suas emoções e seus sentimentos.

Quantas vezes você já sofreu pela perda de um objeto, de um passeio, de um bichinho de estimação, de dinheiro, de uma viagem, de um amigo, de um amor, de uma oportunidade que você achava que era surpreendente, ou de um emprego?

Todas essas perdas, são naturais e, muitas vezes, necessárias para que você possa sair da sua zona de conforto e buscar o seu lugar ao sol!

Por que ocorre:

Contudo, algumas pessoas não aceitam as perdas. E essa dificuldade em elaborá-las, geram muita ansiedade e sofrimento. Principalmente, quando se encontram em situações que remetem a essas experiências, muitas vezes, traumáticas.

Dicas:

Por isso, é importante entender que na vida há fases e, que para avançar, há que se fechar alguns ciclos. E fechar ciclos significa, muitas vezes, romper com pessoas ou situações, que já não são condizentes com o momento presente. Desapegue-se!

Aviso importante:

Perdas materiais são momentânea e geram ansiedade, mas se você aprender a ressignificá-las, poderá viver de uma forma muito mais harmônica e feliz!

FIM DE SEMANA
E CULPA

◆ ◆ ◆

Há pessoas que ficam ansiosas aos finais de semana porque se sentem culpadas.

São pessoas que se culpam pelo que disseram; pelo que não disseram: pelo que fizeram; pelo que não fizeram; pelo que pensam; pelo que não pensaram durante a semana.

Consequentemente, não aproveitam os bons momentos ao lado das pessoas que amam. E mesmo que estejam cercadas de oportunidades, em lugares belíssimos, não conseguem se desligar.

Por que ocorre:

Porque estão o tempo todo tentando controlar a si mesmas, pelo medo de serem julgadas pelos outros. Se sentem tão inadequadas que já nem sabem mais quem são!

Dicas:

Se você é uma dessas pessoas, relaxe!

Pare de se importar tanto com a opinião dos outros! Cobre-se menos!

Olhe ao seu redor e descubra as belezas da vida!

Perdoe-se e viva mais feliz e com a ansiedade sobre controle!

Quer aprender a controlar sua ansiedade? Venha participar do meu desafio de 30 dias e juntos trabalharemos a sua ansiedade.

FIM DE SEMANA
DE PESSOAS
COM QUADRO
DE ANSIEDADE
DISFUNCIONAL

◆ ◆ ◆

Há pessoas que ficam ansiosas aos finais de semana, simplesmente, porque já apresentam um quadro de ansiedade generalizada, de transtornos depressivos ou de pânico.

Se você tem sentido: palpitações; taquicardia; dores no peito; tristeza profunda; vontade frequente de chorar; alterações de humor; medo de sair de casa e de passar mal; muitas dores nas pernas e nos braços; desmotivação; transpiração excessiva; falta de ar, dificuldades para dormir e para se alimentar.

Provavelmente, você pode estar precisando de ajuda.

Ansiedade disfuncional:

A ansiedade pode ser funcional, mas quando suas reações se intensificam e se tornam constante, ela passa a ser disfuncional, pois provoca distorções e alterações significativas na percepção da realidade.

E como consequência, o indivíduo passa a ter mais dificuldade para se concentrar, memorizar e fazer associações.

Segundo Greenberger & Padesky (1999) a ansiedade disfuncional mantem os pensamentos voltados para o futuro, com imagens constantes de perigo, prevendo sempre resultados desastrosos, que por sua vez vão se intensificando ao ponto de se transforma-rem em transtornos de ansiedade.

Transtornos de ansiedade:

Segundo o DSM-V, os transtornos de ansiedade caracterizam-se por situações em que a pessoa sente medo e ansiedade excessi-vos e perturbações comportamentais diversas.

Os principais transtornos de ansiedade são: transtorno de an-siedade de separação; mutismo seletivo; fobias em geral; trans-torno de ansiedade social ; transtorno de pânico; agorafobia; e transtorno de ansiedade generalizada.

O transtorno de ansiedade de separação é comum em crianças pequenas que sentem medo ou ansiedade diante da possibilidade de se separar de seus pais.

O Mutismo seletivo é comum em crianças e se caracteriza pela dificuldade em falar em situações sociais nas quais existe a expec-tativa para que se fale.

Fobias são apreensões e ansiedade excessiva diante de deter-minados objetos ou situações.

O transtorno de ansiedade social é a ansiedade ou aprensao sentida quando a pessoa tem que falar em público.

O transtorno de pânico é um "medo intenso ou desconforto intenso que atingem um pico em poucos minutos, acompanha-dos de sintomas físicos e/ou cognitivos. (DSM V, 2014, p.190).

A agorafobia caracteriza-se aprensão e ansiedade sempre que se encontra em uma ou mais dessas situações: usar transporte pú-blico; estar em espaços abertos; estar em lugares fechados; ficar em uma fila ou estar no meio de uma multidão; ou estar fora de casa sozinho em outras situações.

O transtorno de ansiedade generalizada caracteriza-se pela ansiedade e preocupação persistentes e excessivas, acerca do próprio desempenho e que a pessoa tem dificuldade em controlar.

Aviso importante:

Você não precisa de mais um rótulo. Busque ajuda especializada e seja feliz!

RESUMINDO

◆ ◆ ◆

Há pessoas que ficam ansiosas porque moram sozinhas
e não têm ninguém para sair ou conversar.
Há pessoas que ficam ansiosas porque o seu ambiente
familiar não é acolhedor:
Há pessoas que ficam ansiosas porque sentem falta de um
relacionamento perdido ou da ausência de um ente querido;
Há pessoas que ficam ansiosas porque não se desligam dos
problemas e, consequentemente, não conseguem relaxar.
Há pessoas que ficam ansiosas porque estão desempregadas
ou passando por dificuldades financeiras;
Há pessoas que ficam ansiosas apenas no domingo
à noite, quando se lembram que terão que trabalha
e/ ou estudar no dia seguinte;
Há pessoas que ficam ansiosas porque mantém
expectativas muito elevadas;
Há pessoas que ficam ansiosas porque não conseguem
lidar com perdas;
Há pessoas que ficam ansiosas porque se sentem culpadas;
Há pessoas que ficam ansiosas, simplesmente, porque
já apresentam um quadro de ansiedade generalizada,
de transtornos depressivos ou de pânico.

Se você é uma dessas pessoas, vou sugerir mais algumas atividades que podem lhe ajudar:
Faça o que você gosta com mais frequência;

Procure fortalecer sua espiritualidade/religiosidade;
Descubra novos hobbies;
Procure criar ou fortalecer vínculos de amizade;
Pratique uma atividade física prazerosa;
Faça exercícios respiratórios, meditação ou relaxamento.

O mais importante é manter sua mente ativa com atividades que você gosta!

Aviso importante:

Caso, os sintomas não diminuam, procure ajuda profissional!

Quer saber mais, envie-me um e-mail (reijanelopes02@ gmail.com) e receba textos exclusivos.

CONCLUSÃO

◆ ◆ ◆

Aprender a controlar a ansiedade é fundamental, pois ela pode trazer consequências desagradáveis para o seu convívio familiar e atrapalhar o seu desempenho acadêmico e profissional.

Por isso, atente-se às reflexões contidas aqui nesse e-book para identificar o que pode estar acontecendo com você. E use as dicas para viver de forma mais plena e harmoniosa.

Seja feliz!

REFERÊNCIA BIBLIOGRÁFICA

◆ ◆ ◆

DSM-5: Manual diagnóstico e estatístico de transtornos mentais. American Psychiatric Association; tradução: Maria Inês Corrêa Nascimento... et al.; revisão técnica: Aristides Volpato Cordioli ... [et al.]. – 5. ed. Porto Alegre: Artmed, 2014.

GREENBERG, D.; PADESKY, C.A. A mente vencendo o humor: mude como você se sente, mudando o modo como você pensa. Porto Alegre: Editora Artes Médicas Sul Ltda., 1999.

SOBRE O AUTOR

Reijane Da Silva Lopes

Sou a Reijane, psicóloga e psicopedagoga. E há 17 anos busco ajudar, dentro de uma abordagem humanista, pessoas com transtornos de ansiedade a terem uma maior qualidade de vida, por meio do controle da ansiedade e do autoconhecimento.

Escolhi a psicologia porque gosto de ajudar as pessoas a superar obstáculos e a ressignificarem suas vidas! O que tenho feito desde 2003 quando iniciei o atendimento clínico.

Sinto-me honrada por ter presenciado o amadurecimento de muitas pessoas, as quais compartilharam mais do que suas dores, compartilharam conquistas, venceram medos e aprenderam a controlar a ansiedade, a depressão e a síndrome do pânico; mudaram suas perspectivas e passaram a lutar pelos seus sonhos e objetivos, com foco e determinação; ressignificaram pessoas e suas histórias de vida, se permitindo viver de forma mais harmoniosa e feliz!

O mundo está passando por um momento crítico e ninguém estava pronto para o que que está acontecendo. Acredito que aqueles que conseguirem se reinventar, saírem de suas zonas de conforto, encontrando possibilidades nas dificuldades, se destacarão. Então, procure se conhecer um pouco mais e se permita criar uma nova realidade e livre-se da ansiedade que vem impedindo que você desfrute plenamente de seu final de semana.